EL MODELO DE GREINER

Superar las crisis con una buena anticipación

Por Jean Blaise Mimbang
En colaboración con Brigitte Feys
Traducido por Marta Sánchez Hidalgo

Economía y empresa · en50MINUTOS.es

LAS CLAVES PARA EL ÉXITO

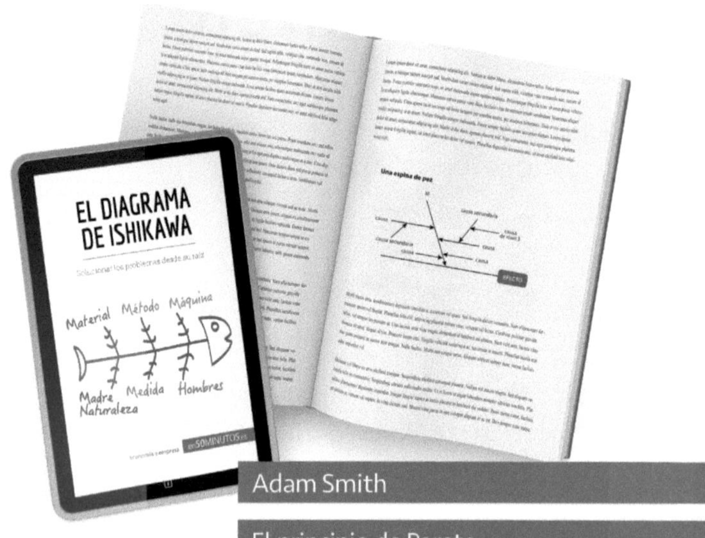

Adam Smith

El principio de Pareto

El estrés laboral

La pirámide de Maslow

EL MODELO DE GREINER

- **¿Denominaciones?** Modelo de Greiner, modelo del ciclo de vida o de crecimiento de las organizaciones (en inglés *Greiner Growth Model*).
- **¿Utilidad?** La gestión de las crisis en una empresa, la definición de la estrategia y la modelización de la evolución organizativa.
- **¿Por qué es eficaz?**
  - Por su carácter teóricamente predictivo. Según el sector de actividad de la organización y la evolución de los factores del entorno, este modelo permite situar y prever la siguiente crisis (cambio estructural o funcional) que la organización tendrá que afrontar.
  - Permite identificar en el pasado de una empresa ciertos índices críticos para su éxito futuro.
  - Facilita la comprensión del funcionamiento de las empresas de crecimiento rápido (*start-up*).
- **¿Palabras clave?**
  - <u>Cambio organizacional</u>: el proceso de transformación de la estructura en un contexto determinado.
  - <u>Ciclo de vida de las organizaciones</u>: el conjunto de fases, de la constitución a la disolución eventual, por las que pasa una empresa.

> La historia de cualquier parte aislada de la tierra, como la de cualquier soldado, consiste en largos períodos de aburrimiento y breves periodos de terror.

Esta cita de Stephen Jay Gould (paleontólogo estadounidense, 1941-2002) en *El pulgar del panda* (Barcelona, Crítica, 1994) puede, por extensión, aplicarse al hombre y a la empresa. Como el hombre, la empresa es una organización compleja que sufre distintas evoluciones durante su existencia. Estas están constituidas por períodos de crisis más o menos importantes que pueden poner en peligro la propia supervivencia de la organización.

Frente a la globalización, que es una realidad económica actual, el desafío de la competitividad se impone en todas las empresas. Las que consiguen superar este desafío son las que administran y prevén mejor los períodos de cambios y las siguientes fases de desarrollo de la organización.

En función del sector de actividad de la organización y de los factores del entorno, el modelo de Larry E. Greiner (universitario estadounidense, nacido en 1933) permite a una empresa visualizar en qué fase se sitúa y prever así la próxima crisis que tendrá que afrontar para transformarla en una oportunidad para una nueva fase de crecimiento.

HISTORIA

Las teorías relacionadas con los cambios organizacionales se desarrollan desde la posguerra y se comparan y asocian con los tres grandes períodos económicos que se encadenaron desde 1945 (Desreumaux 1996).

- El primer período empieza después de la guerra y acaba a principios de los años setenta. Se corresponde con una fase de fuerte crecimiento económico mundial que desemboca en un sistema en equilibrio.

- El segundo período comienza desde el principio de las crisis petroleras de los años setenta y se prolonga hasta la crisis económica de principios de los años ochenta. Es a lo largo de esta fase, caracterizada por una tasa elevada de desaparición de empresas y por cambios organizacionales importantes, cuando vemos aparecer el modelo Greiner de 1972.
- El tercer y último período identificable es el que se extiende de principios de los años noventa hasta hoy. El contexto económico de esta fase de cambios permanentes se caracteriza por turbulencias e imprevisibilidad.

DEFINICIÓN DEL MODELO

Según Larry E. Greiner, una empresa experimenta, durante su existencia, cinco fases de crecimiento bien definidas, que se alternan con cinco momentos clave llamados «crisis». El paso de una fase a otra se realiza mediante adaptaciones estructurales que marcan el carácter evolutivo del sistema organizacional.

Las fases de cambio dependen de factores internos (antigüedad, tamaño, etapas de evolución y de revolución, etc.) y externos (competencia, localización geográfica, tasa de crecimiento de la industria, etc.) de la organización. Las cinco fases de crecimiento son:

- la fase de creatividad o de empresariado;
- la fase de dirección o de administración;
- la fase de delegación;
- la fase de coordinación o de formalización;

- y la fase de colaboración.

Estas fases se ven interrumpidas con cinco crisis: la del liderazgo, la de la autonomía, la del control, la de la burocracia (coloquialmente llamada «crisis del papeleo») y, finalmente, la de la renovación.

TEORÍA Y PRESENTACIÓN DEL CONCEPTO

LOS CICLOS DE VIDA

Al igual que la organización atraviesa a lo largo de su historia fases de cambios más o menos importantes que pueden poner en riesgo su supervivencia, el hombre se desarrolla poco a poco, a lo largo del tiempo, sufriendo períodos de crisis que pueden llegar hasta su desaparición.

El ciclo de vida biológico

El ciclo de vida biológico se corresponde con el período de tiempo en el que se desarrolla toda la vida de un organismo desde su concepción. En términos generales, el ciclo de vida biológico comienza por el nacimiento, luego sobreviene el período de crecimiento que lleva a la madurez antes de acabar en un período de decadencia, incluso hasta la muerte. En función del ciclo de vida estudiado, la terminología difiere, aunque el proceso sea comparable.

Tomemos el ejemplo del ciclo de vida biológico humano:

- a la concepción suceden el nacimiento y la infancia. Se trata del «período de lanzamiento»;
- luego llega la adolescencia, caracterizada por la multiplicación de experiencias diversas dentro y fuera del círculo familiar, que corresponde a la fase llamada «crecimiento». En ese momento, el ser humano construye, tanto bien como mal y según el esquema de pruebas y

errores, su personalidad: crece y adquiere nuevos conocimientos y competencias día tras día. En esta fase de crecimiento, el hombre descubre sus puntos fuertes y débiles, lo que le lleva a elegir un trabajo, pero también los sentimientos y las emociones, como el amor. Todo esto se corresponde con una evolución positiva en su vida;

- finalmente, surgen inevitablemente hechos que frenan el crecimiento, como la jubilación y la vejez, que implican el paso a la fase de decadencia. Este «decrecimiento» lleva, por desgracia, a la muerte, ineludible para todos los organismos vivos.

La empresa, un conjunto de ciclos de vida

A primera vista, podríamos pensar que la empresa tiene un ciclo de vida único, pero, en realidad, es todo lo contrario. Se sitúa en el cruce de caminos, ya que experimenta numerosos ciclos de vida distintos, entre los que podemos citar los ciclos de vida materiales (los de los productos, las tecnologías o las modas de comercialización), los ciclos de vida humanos y sociales (el del personal y el de los modos de organización) y el ciclo de vida relacionado con la empresa, que gestiona de forma autónoma.

- El concepto de **ciclo de vida de un producto** suelen emplearlo los profesionales del marketing puesto que cada producto sigue un ciclo de vida que le es propio. Este ciclo comporta en general cuatro fases: el lanzamiento, el crecimiento, la madurez y el declive. Pero para ciertos analistas, en realidad existirían cinco fases (y no cuatro) ya que antes de lanzar un producto –a semejanza del desarrollo embrionario en los humanos–, la empresa hace estudios de mercado, fabrica prototipos, etc. Esta fase suplementaria se corresponde con la fase de puesta a punto y pretende disminuir el riesgo de fracaso en el lanzamiento del producto.

- **El ciclo de vida comercial** se asemeja al ciclo de vida del producto, con la única diferencia de que la cuarta fase se corresponde con la fase de reactivación eventual.
- **El ciclo de vida de las tecnologías.** Al igual que los productos, las tecnologías tienen su ciclo de vida propio, que comprende cuatro fases: tecnología naciente, tecnología emergente, tecnología clave y tecnología básica.
- **El ciclo de vida del personal.** Con respecto al personal, también existe un ciclo de vida que se basa en la carrera de los miembros que lo constituyen. Este ciclo comienza por la contratación, continúa con el crecimiento (que comprende las formaciones, los ascensos, etc.), la madurez (en esta fase el empleado es un senior, por lo que hay que comenzar a buscarle un sustituto a medio plazo) y acaba con el declive (despido, jubilación, etc.).
- **El ciclo de vida de la organización o de la empresa,** que Larry E. Greiner establece como modelo en un proceso de crecimiento en cinco fases.

EL CAMBIO ORGANIZACIONAL

Cabe recordar que el cambio organizacional se define en relación con un contexto, con una situación determinada. También puede definirse por oposición a la permanencia.

Los modelos de evolución

Las teorías relativas al ritmo del cambio organizacional

han evolucionado mucho desde finales de los años cincuenta. Para facilitar el análisis de las diferentes tipologías estructurales, nos basamos en las conclusiones de Alain Desreumaux (universitario francés, nacido en 1944) que proceden de su obra *Nouvelles formes d'organisation et évolution de l'entreprise* (1996).

Matriz de Alain Desreumaux

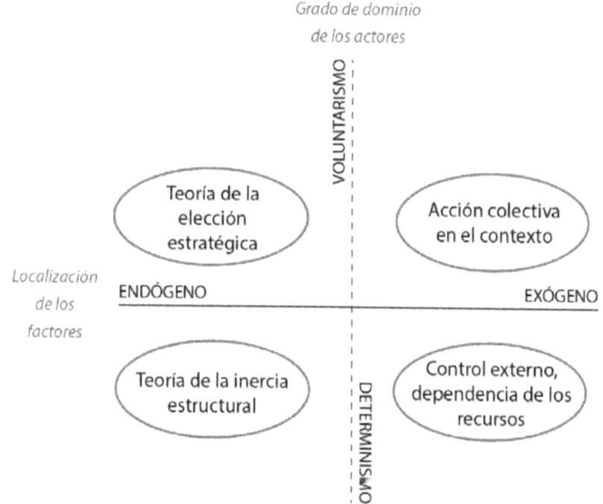

El autor utiliza las dimensiones «nivel de dominio de los actores» (manteniendo una distinción entre «determinismo» y «voluntarismo») y «localización de los factores» (distinguiendo los factores «endógenos» y «exógenos» del cambio; algunos teóricos consideran que el entorno no es solo el motor del cambio, sino también el elemento de selección de las organizaciones).

La matriz de Alain Desreumaux da una visión sintética de las principales teorías relativas al ritmo de los cambios organizacionales.

- **Determinismo.** Las características principales de las corrientes ligadas al determinismo son el poder de inercia de la organización y la capacidad del entorno para hacer evolucionar sus estructuras. El entorno actúa como una herramienta de selección de las organizaciones que no han desarrollado su flexibilidad ni sus capacidades de adaptación al cambio. En estas corrientes de pensamiento, el cambio lo sufren tanto los empleados que pueden, por ejemplo, verse despedidos de la noche a la mañana, como las empresas que no han podido asegurar su equilibrio financiero. La dimensión histórica y cultural, la resistencia natural del hombre al cambio, el miedo a lo desconocido, etc. se consideran frenos importantes para la reorganización de la empresa. Esta visión neo-darwiniana quiere mostrar los límites de la capacidad de adaptación de las organizaciones. Una visión radical encarnada por los sociólogos estadounidenses Michael T. Hannan y John H. Freeman (1977) estima que los diri-gentes (líderes) no tienen ninguna libertad de poder ante el entorno, mientras que la visión menos determinista defendida por Jeffrey Pfeffer (especialista del comporta-miento organizacional, nacido en 1946) y Gerald Salancik (teórico de las organizaciones) en 1978 otorga un papel simbólico a los dirigentes durante los cambios.
- **Voluntarismo.** La corriente voluntarista se caracteriza por la capacidad de los actores de insuflar una dinámica de cambio en la organización. El motor del cambio resulta

aquí del papel proactivo de los mánagers que tienen la capacidad –y la voluntad– de hacer evolucionar la organización. El destino de ésta se encuentra en manos del líder y de los que tienen el poder. El principal representante de esta corriente de pensamiento es John Child (teórico del management y de las organizaciones, 1972). El cambio organizacional se percibe como un instrumento dominado por los dirigentes, que ha sido objeto de una anticipación proactiva estratégica, gradual y continua. El poder estratégico y organizacional se apoya en la voluntad de cambio del líder y su capacidad para que se reconozca su legitimidad: en la actualidad se llama «líder inspirante». La corriente de la teoría de la elección estratégica comprende las teorías de la planificación estratégica de Gerry Johnson (profesor de management estratégico, 1987) y de Alain-Charles Martinet (especialista francés de ciencias de gestión y de management de las empresas, 1994). Según ambos autores, el ritmo del cambio puede tomar una orientación revolucionaria por la capacidad del líder de imponer los plazos del cambio a la organización. El cambio, y la transformación de las estructuras sociales, resulta de la interacción continua de los diferentes individuos (inteligencia colectiva que permite contemplar nuevas soluciones). Se concibe «como una repetición de formulación de objetivos, de desarrollo, de modificación y de interacciones entre actores» (Giordano 1995). Sin embargo, no existe una secuencia determinada y difícilmente podemos identificar o predecir los períodos de crisis en la estructura de la organización.

El desarrollo de la organización

Se considera que en general hay cuatro fases que marcan el desarrollo de la organización: la fase estable y continua, la fase de evoluciones sin gran cambio, la fase de cambios no controlada y la fase de transformación profunda de la organización.

La evolución organizacional

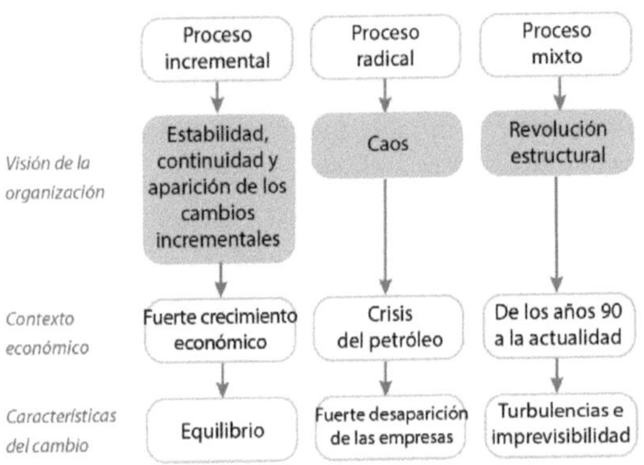

- **Estabilidad y continuidad**
- **Aparición de cambios incrementales:** en este período, los cambios continuos permiten a la organización evolucionar sin alterar el conjunto de su estructura. Los determinantes profundos de la organización están principalmente formados por la historia de la empresa, su cultura y la estructura organizacional existente. El cambio organizacional se inicia principalmente por factores

endógenos. Las fases de evolución se califican de fases de revitalización por Henry Mintzberg (universitario canadiense, nacido en 1939) y Frances Westley (universitaria canadiense) en 1992. En el ejemplo desarrollado por Alain Desreumaux, esto corresponde a la fase económica de crecimiento, que es el periodo de 1945 a 1973.

- **Caos**
- **Revolución estructural:** los procesos revolucionarios de cambio organizacional se corresponden a menudo con fases de fuerte presión del entorno, que empujan a las organizaciones a evolucionar a un ritmo constante con el riesgo de desaparecer. La organización se ve empujada a los límites de su capacidad de aceptación del cambio. Para Alain Desreumaux, estas fases aparecieron con los grandes cambios económicos relacionados en parte con las crisis petrolíferas de mediados de los años setenta. Se corresponden con fases de cuestionamiento de los modelos económicos, de los fundamentos de gestión de las organizaciones y de la estructura profunda de la organización. Esta última se caracteriza por una fuerte resistencia al cambio de los individuos y grupos de individuos.

Para superar esta fase de revolución –que Henry Mintzberg denominó *turnaround periods* (1992)–, las organizaciones tendrán que centrarse principalmente en la gestión de dos elementos clave: la crisis y la urgencia. En este período, tienen que destruir el pasado para construir el futuro.

La resistencia al cambio

En periodo de crisis, los individuos pueden percibir el cambio como un acontecimiento dramático. Si la comunicación no es clara, pueden sentirse amenazados, temer la incertidumbre y manifestar su oposición espontánea (por ejemplo, con huelgas). La resistencia al cambio es una reacción natural de los individuos que quieren protegerse y así defenderse del cuestionamiento del equilibrio de la organización y de su estabilidad que pueden cuestionar su propia función y legitimidad. Muchos autores, como Jeffrey Pfeffer y Gerald Salancik, explican los mecanismos de resistencia a los cambios (mecanismos psicológicos y sociales de bloqueo como reacción a las situaciones de incertidumbre, etc.).

Connie Gersick (especialista en los comportamientos organizacionales, 1991) insiste en la importancia de tener en cuenta la historia de la firma para analizar los límites de la capacidad de cambio. Además, para Nils G. M. Brunsson (economista sueco, 1982) los procesos de cambios revolucionarios se caracterizan por el cambio de visión de la organización que crea incertidumbre y desaliento e impide que el proceso de cambio sea incremental.

ENFOQUES INCREMENTALES SOBRE EL CICLO DE VIDA

Como hemos visto, este enfoque darwiniano se basa en la biología: percibimos la organización como un organismo vivo y el crecimiento como un fenómeno natural. Según esta perspectiva, el cambio organizacional se forma por un conjunto de cambios incrementales acumulativos. La organización puede aceptar el cambio cuando es limitado, mientras que los cambios importantes resultan de la acumulación imperceptible de pequeñas modificaciones. Esta teoría define la visión tradicional del cambio como un proceso gradual e incremental, estructurado en torno a secuencias lógicas llamadas fases. El principal promotor de esta teoría, James B. Quinn (1980), considera que el cambio es una suma de muchos pequeños acontecimientos que interfieren entre sí.

La teoría del ciclo de vida es relativamente antigua y muy utilizada en la literatura managerial. En algunos casos, puede aplicarse más a los cambios organizacionales que a los cambios estratégicos.

Mintzberg y Westley observan en 1983 que el ciclo de vida de una organización se estructura en torno a cinco fases. La primera fase es la del desarrollo de la organización encarnada por un líder visionario que fija los objetivos. La segunda fase es la de la estabilidad caracterizada por la planificación de la estructura organizacional, la aplicación de procesos y la estructuración de la organización. Luego se produce la fase de adaptación marcada por modificaciones menores de la estructura de la organización y de la estrategia, a diferencia de la fase de lucha. Esta última impone a la organización encontrar una nueva dirección estratégica. Entonces observamos problemas en la organización, retos, juegos de poder y un cuestionamiento de la estructura existente. La fase de revolución comprende los cambios que atañen a la estrategia, la cultura, las estructuras y los individuos en la empresa. Henry Mintzberg se interesa por los cambios incrementales y reconoce la existencia de periodos de cambios bruscos, cortos e intensos en la organización.

EL MODELO DE LARRY E. GREINER

Para describir la historia del desarrollo de la empresa, Larry E. Greiner (1972) propone identificar en el pasado de la organización algunos indicios críticos para su futuro éxito.

Este universitario considera que es importante conocer la historia de la empresa para detectar los factores clave de éxito y del rendimiento económico a lo largo del tiempo. Sostiene que las oportunidades externas del mercado determinan la estrategia de una compañía, que, a su vez, determina la estructura de la organización. Esta estructura es el elemento central del crecimiento futuro de la empresa.

Según él, todas las organizaciones pasan a lo largo de su existencia por cinco fases sucesivas bien definidas. Cada una de estas fases se caracteriza por una evolución gradual, seguida de una crisis de transición o de un breve periodo de revolución. La resolución de esta crisis permite el paso a la siguiente fase.

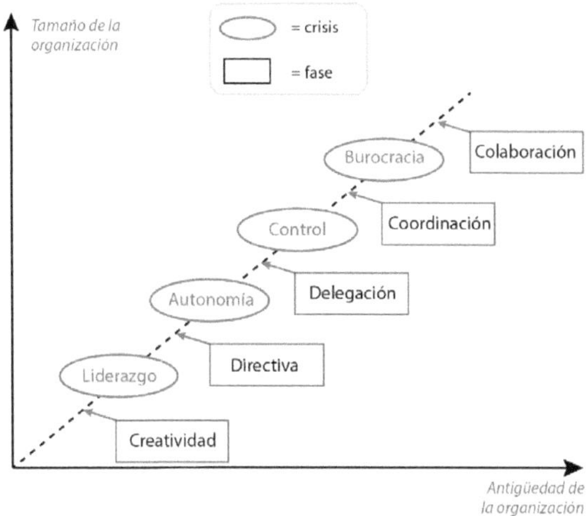

La fase de creatividad o de emprendimiento

Esta primera fase se corresponde con el lanzamiento de la empresa en un mercado en expansión que realizan los fundadores, quienes suelen ser técnicos o emprendedores, no necesariamente gestores ni mánagers.

La comunicación en el seno de esta organización es frecuente e informal, los fundadores y empleados pioneros no cuentan las horas y se contentan en general con salarios modestos. La primera motivación es el éxito de un lanzamiento de proyecto. Sus atribuciones no están necesariamente definidas con claridad, cada uno tiene varias responsabilidades y asume con pasión los desafíos cotidianos, principalmente mediante mecanismos de toma de decisiones a menudo colegiados: participan activamente en la construcción de la organización. El riesgo está a nivel de los compromisos y de las marchas de unos y otros (idea del *affectio societatis*), ya que no hace falta mucho para desequilibrar la joven estructura.

Esta situación conduce a una **crisis de liderazgo**. Se produce cuando la empresa, que ha crecido y prosperado, tiene que reestructurar sus actividades en términos de producción de bienes y servicios, de contabilidad, de gestión de recursos humanos, etc. según el principio de «especialización de las funciones». Los fundadores no pueden disponer razonablemente de todas las competencias necesarias y además no consiguen, según Greiner, motivar a nuevos empleados según el modelo del inicio. Por otro lado, ¿son o se les reconoce solo como «buenos líderes», como «mánagers profesionales» que dominan la complejidad de las decisiones de gestión?

La solución a esta crisis es contratar a los mánagers «curtidos» que saben establecer las estructuras funcionales necesarias. Pero no es una operación sin riesgos, ya que los fundadores y pioneros pueden intentar mantener el espíritu y el carácter informal de la organización del principio (voluntad de mantener el poder, crisis de amor propio al reconocer los propios límites, etc.).

La fase directiva o de administración

Un individuo toma el poder y dirige la organización, lo que permite que ésta prosiga su crecimiento en un entorno de comunicación más formal y que se concentre en actividades distintas, como el marketing y la producción. Los incentivos financieros se introducen en la organización para motivar a los individuos.

Sin embargo, llega un momento en el que los productos y procesos son tan numerosos que es imposible que una sola persona consiga gestionar todo en un solo día. A veces el tiempo falla, otras el flujo de información (de los productos y servicios) que integrar es demasiado importante. Entonces la organización comienza un nuevo periodo de crisis: el de la autonomía. La **crisis de autonomía** está relacionada con la necesidad de crear nuevas estructuras basadas en la delegación y con problemas de financiación relacionados con el crecimiento.

La solución a esta crisis no solo pasa por una reestructuración de la organización basada en la delegación de las responsabilidades del dirigente hacia otros miembros de la empresa, sino también por la entrada de capital interior y exterior en la organización.

La fase de delegación

La solución a esta crisis de autonomía da lugar a la delegación de poder de la dirección ejecutiva a los gestores de nivel intermedio. Estos responsables son libres de reaccionar rápido ante las oportunidades o amenazas de los nuevos productos, mercados, competidores, tecnologías, deseos y expectativas de los clientes. De esta forma la organización sigue creciendo.

En cuanto a las personas que inyectan capital, no dirigen necesariamente la empresa y designan, en la mayoría de los casos, a un agente para representarlas y velar por la utilización eficiente del capital.

Existe el riesgo de que esta delegación cause, a su vez, una **crisis de control**. Al dirigente principal, que quiere seguir resolviendo solo los problemas primordiales de la organización, le cuesta delegar en otros. Sin embargo, la estructura de la organización se vuelve demasiado grande para un solo dirigente. De esta forma, por orgullo, muchos fundadores llevan a sus organizaciones a la ruina.

La solución a esta crisis pasa por una delegación pensada, marcada por la creación de las funciones de jefe de departamentos y de oficinas (departamentos o filiales). Para avanzar, habrá principalmente que redefinir claramente los objetivos, las tareas y responsabilidades de los nuevos responsables y apoyarlos en sus nuevas atribuciones.

La fase de coordinación o de formalización

El crecimiento continúa con las unidades de negocios (departamentos o filiales según la naturaleza jurídica), antes aisladas y reorganizadas en grupos de productos, servicios y recursos. Idealmente, toda la empresa comparte los objetivos, mientras que los diferentes departamentos, que tienen los suyos propios, se benefician de una relativa autonomía.

La burocracia se vuelve tan importante que los costes impactan negativamente en el crecimiento de la organización. Al evolucionar de esta forma, las formalidades administrativas ocultan la misión primera de la organización. Así, esta fase puede llevar a una **crisis de la burocracia o crisis de las formalidades administrativas**, caracterizada por una pérdida de flexibilidad.

Para superar la crisis habrá que establecer una nueva cultura –centrándose en la visión y las especialidades clave de la empresa– e introducir una nueva estructura más flexible, adaptada y motivadora.

La fase de colaboración

En aras de la reducción de los costes y de la maximización de los beneficios, la fase directiva y la de coordinación son relevadas por un nuevo liderazgo inspirante y motivador, que vuelve a centrar la organización en sus prioridades. Las promociones, las rotaciones de funciones y las formaciones permiten a los individuos superarse en el trabajo. Esta fase acaba con una crisis de crecimiento interna. Más ampliamente, para Larry E. Greiner, el crecimiento por colaboración puede ser el origen de una crisis futura, pero que no se ha definido en 1972.

Continuación

Recientemente, Greiner ha añadido una sexta fase a su modelo inicial. Sugiere que la búsqueda del crecimiento procederá de la externalización (desarrollo de asociaciones con organizaciones complementarias), también llamadas *outsourcing*, actividades no esenciales de la organización.

Esta sexta fase, que permite el crecimiento mediante soluciones extraorganizacionales, presenta varias ventajas destacadas:

- el reajuste de las competencias clave de la empresa en sus especialidades básicas (*core-business*);
- la disminución de la complejidad de la gestión de su tamaño (el fenómeno de *down-sizing*);
- la compresión de los costes (menos costes fijos relacionados con el personal y más costes comerciales en los que es posible asegurar la competencia);
- la garantía de la calidad (el prestatario que quiere mantenerla);
- la flexibilidad de la empresa que puede cambiar de socio antes (proveedor) o después (distribuidor) según sus propias estrategias de desarrollo.

INTERPRETACIÓN DEL ESQUEMA DE EVOLUCIÓN DE LAS EMPRESAS

Toda organización pasa por periodos de relativa estabilidad y por periodos de crisis. Los hombres, las estructuras y los procesos que parecen adecuados cuando la empresa ha alcanzado cierto tamaño o cierta antigüedad, dejan de serlo cuando la organización madura o crece. Una dirección consciente del pasado de su organización, puede prever la próxima crisis, prepararse adoptando las medidas apropiadas en la fase de desarrollo alcanzado y transformar así una situación crítica en punto de partida de una nueva fase de crecimiento.

No todas las organizaciones han pasado todavía por las cinco fases. Algunas, si se estabilizan en un tamaño y una complejidad determinados, pueden mantenerse sin problemas indefinidamente en la fase correspondiente. Las únicas empresas que están actualmente en la última fase del modelo de Greiner son las gigantes europeas y, sobre todo, las estadounidenses. Toda organización que se desarrolle debería conocer esta serie de periodos tranquilos y de crisis. Además, la rapidez del paso de una etapa a otra depende de la rapidez con la que la empresa y su sector industrial se desarrollen.

En el caso de una *start-up* (empresa innovadora con gran potencial de desarrollo que necesita importantes inversiones para financiar su rápido crecimiento), si el empresario quiere concretizar su idea y proponer su producto o servicio al mercado, le conviene disponer, además de los medios financieros, de cualidades de gestión necesarias para asegurar el lanzamiento, el desarrollo y la perennidad de su actividad. El proceso de desarrollo de una *start-up* se puede descomponer de la siguiente forma:

- nacimiento de una idea y búsqueda de socios y/o colegas;
- montaje del proyecto en un campo desconocido y fases de información y de promoción;
- interés del público por el producto o servicio propuesto y principio de los problemas de gestión de las existencias y de abastecimiento;
- delegación de poderes de los fundadores en los gestores «curtidos» después del desarrollo de la empresa;
- como la empresa es «demasiado grande», surgen problemas burocráticos que impiden el desarrollo de la empresa. A no ser que haya un cambio de estrategia, puede llegar a su declive.

Un buen uso del modelo de Greiner puede permitir a los dirigentes prever las próximas etapas y asegurar la perpetuidad de la organización sabiendo que las *start-up* se benefician en general de cuatro a ocho años de crecimiento continuo sin grandes problemas económicos ni problemas internos graves.

LÍMITES DEL MODELO Y EXTENSIONES

LÍMITES Y CRÍTICAS DEL MODELO

Aunque el interés de modelo Greiner es advertir a los dirigentes de la empresa con respecto a la probable existencia de crisis que su empresa tendrá que superar a lo largo de su crecimiento, esta teoría tiene sin embargo los límites y críticas siguientes:

- en primer lugar, aunque sea cierto que las organizaciones empiezan generalmente con estructuras orgánicas poco elaboradas para alcanzar estructuras muy sofisticadas, sería excesivo considerar que todas las organizaciones pasan necesariamente por cada una de estas fases. Algunas empresas se estancan, decaen o se saltan etapas, mientras que a otras las rescatan grupos más grandes o quiebran;
- en segundo lugar, este escenario de evolución de la empresa es muy teórico. Hoy en día, ningún estudio ha identificado con precisión los umbrales críticos en los que se originan las crisis. En otros términos, este modelo es más un esquema de análisis que una herramienta operacional;
- en tercer lugar, el modelo de Greiner no aclara los determinantes del cambio y los propios procesos de cambio. Por otro lado, no explica las causas de la ruptura, las razones profundas de los cambios ni los procesos de la aparición de estas crisis;
- en cuarto lugar, este modelo no permite analizar la fase que sigue a la de madurez y en la que encontramos a la

mayoría de las empresas de la actualidad;
• finalmente, el autor no tiene en cuenta en su análisis las interacciones entre las diferentes partes de la organización ni el carácter aleatorio del ritmo del cambio.

EXTENSIONES Y MODELOS CONEXOS

El modelo del equilibrio puntual

Este modelo se apoya en la dimensión histórica asignando al líder un papel limitado en la gestión del cambio. Este punto lo tiene en común con la corriente voluntarista del cambio, considerando que la mayoría de los sistemas poseen límites que se observan a nivel de la amplitud de los cambios aceptables. Más allá de estos límites, la evolución de la empresa pasa por una recomposición fundamental. Esto es contrario al modelo propuesto por Greiner.

Los padres del modelo del equilibrio puntual son Elaine Romanelli (profesor de management estratégico y empresarial) y Michael L. Tushman (especialista de management estratégico) desde 1983. Según ellos, la organización experimenta largos periodos de estabilidad alternados con periodos de reorientación estratégica traumáticos para la empresa y sus agentes. Caracterizan la estructura profunda de la empresa según cinco dimensiones que son los valores de la empresa:

• los productos;
• los mercados y las tecnologías;
• la distribución del poder en la organización;
• la estructura organizacional;

- y, finalmente, la naturaleza y los tipos de controles existentes.

El principal promotor de la teoría del equilibrio puntuado es Connie Gersick, que se dedica a verificar si esta teoría es aplicable en los campos de gestión y de biología según diferentes niveles de análisis: los individuos, los grupos de individuos y las empresas.

Otras extensiones

Para poder analizar en detalle los procesos operacionales de cambio organizacional, el especialista financiero David Marsh (nacido en 1952) desarrolla una teoría del cambio que se interesa por el día a día de la organización.

Para Andrew Pettigrew (profesor de estrategia y de organización de la Universidad de Oxford, nacido en 1944), el cambio no debe percibirse como un momento concreto que se sitúa entre dos periodos de estabilidad, sino como un elemento constantemente presente que es más visible en los momentos de crisis. Para el autor, es posible comprender los procesos de cambio organizacional interesándose por la cultura y por la política de la empresa. Destaca el hecho de que el cambio organizacional es la oficialización de un proceso gradual, no visible ni planificado.

Por otro lado, Henry Mintzerg (1992) considera que existe un consenso que estipula que las generalizaciones son definitivamente menos interesantes que la identificación de los casos, las circunstancias y los contextos en los que se verifican las tesis. El cambio emana de la jerarquía de la organización y lo aplican sus niveles más bajos.

PRÁCTICA DEL CONCEPTO: KODAK

En enero de 2012, un seísmo sacude el mundo de la fotografía cuando el antiguo líder de fabricantes de cámaras de fotos, Kodak, se declara en quiebra. Sin embargo, todo había empezado bien para la empresa Eastman Kodak Company.

FASE DE CREATIVIDAD

Después de la concretización de las investigaciones de su fundador George Eastman (empresario estadounidense, 1854-1932), el grupo Kodak presenta la patente sobre el *método y equipo para la realización de placas a emulsión* (soporte fotográfico que permite hacer fotos de calidad) en 1885. Con su eslogan «*You press the button, we do the rest*» («Usted aprieta el botón, nosotros hacemos el resto») la conocida marca Kodak aparece por primera vez en 1888 durante el lanzamiento de las primeras cámaras de fotos de película en Estados Unidos. Desde entonces, la empresa es innovadora: comercializa y populariza las cámaras de fotos de película y de bolsillo plegables por todo el mundo.

Esta fase de crecimiento desemboca en la crisis de liderazgo. Con numerosas fábricas y miles de empleados por todo el mundo, William G. Stuber (mánager americano, 1864-1959) reemplaza a George Eastman a la cabeza del grupo Kodak y permanecerá en el puesto hasta 1934. Muchos otros mánagers «curtidos» le sucederán.

FASE DIRECTIVA

En 1960, el grupo Kodak cuenta con cerca de 80 000 empleados. El crecimiento exponencial del grupo continúa con muchas invenciones, como la cámara de fotos digital creada en 1975 por el ingeniero estadounidense Steve Sasson (nacido en 1950). Su comercialización no se hará o se hará mal por miedo a acabar con la gallina de los huevos de oro, el mercado de la película que domina Kodak. Para un gran número de observadores, es precisamente lo digital lo que más tarde será la causa de la quiebra de la multinacional. Con ventas que superan los 10 000 millones de dólares en 1981, no se conoce solo a la empresa por las cámaras de fotos, sino también por la explotación de la imagen en los campos del ocio, de la telefonía, las ciencias, el entretenimiento y el comercio.

Para asentar un poco más su influencia, Kodak se asocia con la *Compagnie générale des cinématographes, photographes et pellicules* (Compañía general de cinematógrafos, fotógrafos y películas) de Charles Pathé (gran artífice francés de la cinematografía, 1863-1957). Esta asociación da origen a Kodak-Pathé y será la causa de numerosas producciones cinematográficas.

La empresa continúa su inversión en investigación y desarrollo y cuenta, por ello, con numerosos ingenieros, aunque también con muchos niveles de management. El management y los laboratorios de investigación se separan, lo que tiene como consecuencia muchas decisiones desafortunadas a nivel estratégico. Algunas innovaciones revolucionarias (sensores CCD, rayos X digitales, la foto digital, etc.) no reciben el acuerdo de comercialización del management por miedo a poner en peligro los márgenes elevados que proceden de la venta de películas.

Kodak experimenta una crisis de autonomía: muchos ingenieros se van del grupo para comercializar sus invenciones fuera con el acuerdo de su antiguo patrono.

FASES DE DELEGACIÓN Y DE COORDINACIÓN

A pesar de una ligera baja, el crecimiento de la empresa continúa gracias a medios financieros considerables (por cada dólar de película Kodak vendido, la investigación recupera cinco céntimos).

Se establece una crisis de control: el «*laissez-faire* relativo» es el lema en los laboratorios; los servicios comerciales privilegian más a la investigación basada en los productos que a la basada en las tecnologías y las necesidades de los clientes; las discusiones y decisiones sobre la comercialización de las innovaciones duran meses, lo que hace que la empresa pierda un tiempo valioso. A veces, los comerciales que han rechazado una innovación, sin análisis, unos meses antes, piden a los investigadores que la desarrollen (crisis de la burocracia).

Para resolver la crisis de control, se nombra a Colby H. Chandler CEO de Kodak en mayo de 1983 y permanecerá en el puesto hasta junio de 1990. Este comienza una redefinición de las misiones y de las atribuciones del management. La solución a la crisis de la burocracia será visible solamente después de la quiebra de enero de 2012.

FASE DE COLABORACIÓN

La empresa Kodak, dividida en el fructífero mercado de las películas durante muchos años, se lanza al mercado digital tarde y sin éxito con la gama de productos *EasyShare*. A partir de 2007, la empresa sufre dificultades financieras. Para superarlas, decide vender sus patentes, reestructura sus departamentos, establece nuevos socios, se separa de muchos colaboradores a través del mundo y renuncia a su actividad histórica (la película) para centrarse en las tecnologías modernas (fotografía y cine digital).

Por desgracia, todos estos esfuerzos no consiguen los beneficios esperados. En enero de 2012, la empresa se acoge a la ley estadounidense sobre quiebras. Un año después de declarar la bancarrota y de haber cerrado 13 fábricas, la empresa Kodak regresa con 8 500 trabajadores. Técnicamente preparada, la empresa desarrolla aplicaciones (todavía en fase de prototipo) para adquirir nuevamente importancia. Pero va a necesitar muchas innovaciones, un liderazgo inspirador y motivante para que la tímida recuperación no sea flor de un día.

En la actualidad, Kodak propone una línea de impresoras de inyección de tinta única. Estas impresoras de nueva generación tienen un escáner que puede servir de fotocopiadora y permite imprimir con pocos gastos en comparación con competidores como HP o Epson.

El modelo de Greiner: Kodak

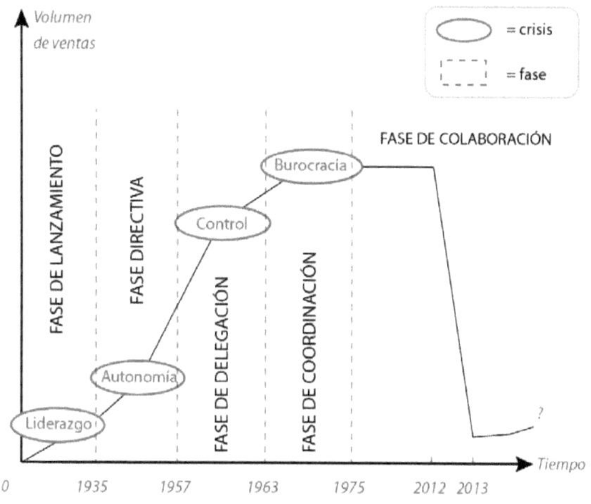

EN RESUMEN

- Larry E. Greiner demostró que la empresa experimenta, a lo largo de su evolución, una alternancia de fases de crecimiento y de crisis. Estos periodos de cambio forman parte integrante de la organización. Para que se garantice la sostenibilidad de la empresa, la organización debe integrar el concepto de ciclo de vida y explotarlo al máximo para sacar las ventajas y afirmarse en el mercado.
- Las cinco fases del ciclo de vida de una empresa son:
  - la fase de creatividad;
  - la fase directiva;
  - la fase de delegación;
  - la fase de coordinación;
  - la fase de colaboración.
- A pesar de la irrefutable comparación del ciclo de vida de la organización con el del hombre, puede que algunas empresas no realicen la última fase del ciclo de evolución: la del declive o la de la muerte.
- A pesar de que el modelo de Greiner sea más un cuadro de análisis que una herramienta operacional, el modelo del equilibrio puntual muestra que es posible superar los planteamientos de los ciclos de cambio sobre todo con el modelo propuesto por Andrew Pettigrew.
- Finalmente, la historia de Kodak muestra que la innovación y el cambio son factores claves para el éxito de la empresa.

¡Tu opinión nos interesa!
¡Deja un comentario en la página web de tu librería en línea,
y comparte tus favoritos en las redes sociales!

PARA IR MÁS ALLÁ

FUENTES BIBLIOGRÁFICAS

- Atamer, Tugrul y Roland Calori. 1998. *Diagnostic et décisions stratégiques*. París: Dunod.
- Barthélemy, Jérôme. 1999. "L'externalisation: une forme organisationnelle nouvelle". *Actes de la huitième conférence de l'Association internationale de management stratégique*. París.
- Demers, Christiane. 2007. *Organizational Change Theories. A Synthesis*. Thousand Oaks: Sage Publication Inc.
- Desreumaux, Alain. 1996. "Nouvelles formes d'organisation et évolution de l'entreprise". *Revue française de gestion*, 86-108.
- Deval, Émilie y Guillaume Nury. 2009. *La notion de cycle biologique intégrée par le management*. Valence: Institut supérieur technologique Montplaisir-Valence.
- Gersick, Connie. 1991. "Revolutionary Change Theories. A Multilevel Exploration of the Punctuated Equilibrium Paradigm". *The Academy of Management Review*, vol. 16, 10-36.
- Giordani, Yvonne. 1995. "Management stratégique et changement organisationnel: quelles représentations?". *Les nouvelles formes organisationnelles*, 161-179. París: Economica.
- Gould, Stephen Jay. 2006. *El pulgar del panda*. Barcelona: Crítica.
- Greiner, Larry. 1972. "Evolución y Revolución en el crecimiento de las organizaciones". *Harvard Business*

Review, 37-46.

- Henriet, Bruno. 1999. "La gestion des ressources humaines face aux transformations organisationelles". *Revue française de gestion*, 82-93.
- Lemaire, Laure. 2003. *Systèmes de gestion intégrés. Des technologies à risques?* París: Ediciones Liaisons.
- Mintzberg, Henry, Thomas John M. y Bennis Warren G. 1972. *Strategy Safari. The Management of Change and Conflict*. Nueva York: The Free Press.
- Peretti, Jean-Marie. 1998. *Ressources humaines et gestion du personnel*. París: Vuibert.
- Perret, Véronique. *Rythme et processus de changement: processus incrémental ou révolutionnaire*. Dossier Management du Changement et TIC, DEA 128FC, Promotion 3. Consultado el 23 de diciembre de 2014. http://dea128fc.free.fr/CoursA/A2-ManagementChangement&TIC/expo/valery/DEA128FC-Processus%20incr%E9mental%20et%20r%E9volutionnaire.pdf
- Perret, Véronique y Emmanuel Josserand. 2003. *Le paradoxe*. Penser et gérer autrement les organisations. París: Ediciones Ellipses.
- Pettigrew, Andrew. 1987. "Context and Action in the Transformation of the Firm". *Journal of Management Studies*, vol. 24, n.° 6, 649-670.
- Quinn, James Bryan. 1980. *Strategies for Change. Logical Incrementalism*. Homewood: Richard D. Irwin.
- Reix, Robert. 1990. "L'impact organisationnel des nouvelles technologies de l'information". *Revue française de gestion*, 100-106.
- Romanelli, Elaine y Michel Tushman. 1996. "Inertia,

Environments and Strategic Choice. A Quasi-
Experimental Design for Comparative Longitudinal
Research". *Management Science*, vol. 32, n.º 5, 608-621.

FUENTES COMPLEMENTARIAS

- Cohen, Elie. "Entreprise. Gestion d'entreprise".
  Encyclopædia Universalis. Consultado el 15 de diciembre
  de 2014. http://www.universalis.fr/encyclopedie/
  entreprise-gestion-d-entreprise/ressources/

www.en50Minutos.es

ISBN ebook: 9782806276568

ISBN papel: 9782806290687

Depósito legal: D/2016/12603/829

Libro realizado por <u>Primento</u>, *el socio digital de los editores*